LA CROIX-ROUGE

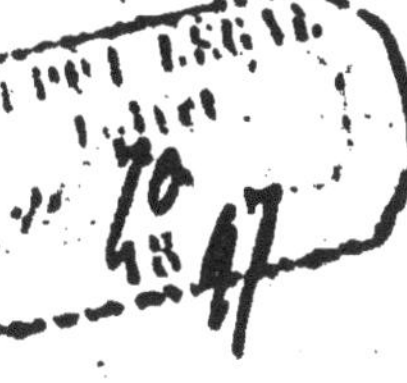

ALLOCUTION

PRONONCÉE

DANS L'ÉGLISE DE LA MADELEINE

DE PARIS

LE MERCREDI 5 MAI 1807

Par S. G. Mgr TOUCHET

ÉVÊQUE D'ORLÉANS

En souvenir des Soldats français
Morts au service du Pays

Et des victimes de la rue Jean-Goujon

ORLÉANS
H. HERLUISON, ÉDITEUR
17, RUE JEANNE-D'ARC.

PARIS
CH. POUSSIELGUE, ÉDITEUR
RUE CASSETTE, 15

1807

LA CROIX-ROUGE

ALLOCUTION

PRONONCÉE

DANS L'ÉGLISE DE LA MADELEINE

DE PARIS

LE MERCREDI 5 MAI 1897

Par S. G. Mgr TOUCHET

ÉVÊQUE D'ORLÉANS

En souvenir des Soldats français
Morts au service du Pays

Et des victimes de la rue Jean-Goujon

ORLÉANS
H. HERLUISON, LIBRAIRE-ÉDITEUR
17, RUE JEANNE-D'ARC, 17

1897

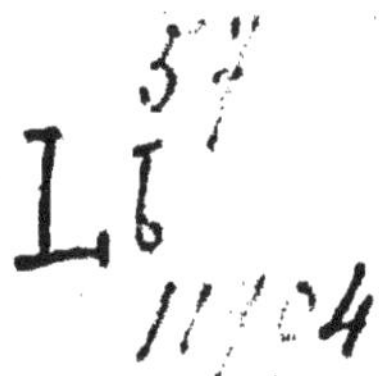

Monseigneur,[1]

Mesdames,

Messieurs,

Lorsqu'en arrivant à Paris ce matin, j'ai appris l'effroyable catastrophe de la rue Jean-Goujon, ma première pensée a été de ne faire que paraître dans cette chaire, pour vous dire que j'avais renoncé à vous parler de la *Croix-Rouge*.

Il me semblait que votre esprit, oppressé par tant de cruels événements, ne pourrait guère être à quelque idée étrangère que ce fût ; pas plus que le mien, d'ailleurs ; il me semblait qu'il convenait plutôt d'unir mes larmes à celles de la Cité que de vous entretenir des œuvres de votre Association, si admirables soient-elles.

Non, je ne puis détacher mon âme des mots du livre. Quand le prophète demandait à Dieu : Que faut-il que je dise à la terre? — Dites, répond le Seigneur, que toute chair est semblable à la fleur des champs, qui sera brûlée par le feu.

Mon Dieu ! pourquoi avoir réalisé à la lettre le terrible oracle ?

Oh ! que vos desseins sont impénétrables ! Oh ! que vos pensées sont différentes de nos pensées !

Pourquoi avoir permis la perte de tous ces enfants ? C'était de la vie, c'était de la charité en fleur... Pourquoi avoir laissé faucher brutalement cette fleur ?

(1) Mgr Potron, évêque de Jéricho.

Pourquoi avoir permis la perte de tant d'épouses, de tant de mères? Ces épouses étaient chères à leurs maris, ces mères étaient nécessaires à leurs enfants; elles étaient l'éclat du Paris mondain et l'honneur du Paris charitable; elles portaient les plus beaux noms de France et leur générosité égalait leur noblesse; et tout cela s'est consumé ainsi, semblable au triste lys séché qu'un feu de pâtre dévore.

Mon Dieu, si on pouvait reprocher à votre Bonté de ne pas suspendre, afin d'éviter à l'homme une douleur, les lois générales que votre Sagesse a établies, si surtout vous n'aviez pas votre Paradis et si votre Paradis n'était pas très beau, si ces larmes ne devaient pas se convertir en joie, et ces morts en immortelles vies, comme ces tragédies seraient inexplicables!

Voilà ce que je voulais vous dire, plus longuement.

J'aurais pleuré avec vous; et en pleurant avec vous j'aurais essayé de vous consoler.

M. le Curé de la Madeleine — bon juge — m'affirme que malgré ce deuil public je dois ma parole à votre œuvre.

Soit: j'essaierai de le faire; et vous, vous essaierez de m'écouter.

L'Association de la Croix-Rouge ne compte encore que trente-trois années d'âge, et cependant elle est connue partout, et partout elle a conquis plus que des sympathies, elle a conquis un respect fervent.

Pourquoi? Mon Dieu, la cause est facile à découvrir: c'est qu'elle se présente avec les trois caractères qui pouvaient le mieux l'imposer à l'opinion, au moins parmi nous: elle est profondément patriotique, profondément humaine, et enfin... comment dirai-je cette fois? suffisamment religieuse.

Fondée en 1864, votre Société fit peu parler d'elle pendant six ans.

Le coup de foudre de Sadowa aurait dû nous réveiller, il n'y parvint point; et le plus éloquent historien de votre œuvre a pu, sans s'écarter du vrai, raconter l'étonnement de Paris, quand il vit, le 4 août 1870, passer une longue file de fourgons, chargés de remèdes, de compresses, de charpie, escortée par des médecins, des aumôniers, protégés non plus par le drapeau tricolore, lequel dès cette heure ne protégeait plus rien, mais par le drapeau blanc, à la croix de gueule en abîme de la convention de Genève.

Paris s'étonnait parce que Paris ignorait. Vous n'aviez pas alors six mille francs dans votre caisse centrale. Pas six mille francs !...

Que voulez-vous ? qui s'attendait aux événements ?

Le spectacle solennel de l'Empereur ouvrant l'Exposition universelle au milieu d'une cour de souverains, l'hégémonie exercée sur l'Europe pendant quinze ans, le soleil de Malakoff et de Solférino, qui dorait nos aigles, les déclarations pacifiques des chefs d'État, l'acclamation sonore du plébiscite, nous avaient plongés dans une prodigieuse griserie de confiance en l'avenir.

La fortune ne trahirait pas. Elle ne saurait pas nous trahir...

Quelques-uns jugeaient bien que les ciels même sans nuée ne sont pas éternellement sûrs.

Ils avaient été avertis par le cri prophétique de Niel : « Vous nous accusez de vouloir faire de la France une caserne ; prenez garde d'en faire un cimetière ! »

Mais ces clairvoyants étaient rares : les autres, la masse, ou bien ne croyaient pas à la guerre, ou bien se la représentaient sous la forme d'une promenade militaire, joyeuse et triomphale, en quelques étapes, de Paris à Berlin.

Pourquoi donc aurait-on pensé aux ambulances ?

Préparez, préparez des lauriers pour la gloire qui attend les braves ! Il suffira !

Oui, ils furent braves ! Cuirassiers, hussards, chasseurs, zouaves pontificaux, mobiles sans chaussures, marins descendus à terre, montrèrent, dans des élans d'héroïsme épique, le peu que vaut le courage quand il a contre soi les éléments, la chance, le nombre et la tactique.

Oui, ils furent braves... mais combien malheureux !

On avait parlé de promenades militaires, de triomphes, de lauriers. Hélas !

Et ce furent Wissembourg, Frœschwiller, Reichshoffen, Wœrth, Borny, Gravelotte, Saint-Privat, Beaumont, Sedan. Puis dans nos plaines de la Beauce une éclaircie... la victoire de Coulmiers : comme si la terre féconde et glorieuse qui avait vu les exploits de Jeanne, la Pucelle libératrice, n'eût pu, infidèle à ses destins, ne pas porter un bonheur au moins fugitif à nos armes humiliées.

Et le rayon de soleil éteint, l'interminable et atroce nuit des désastres nous enveloppa de nouveau ; nous vîmes la capitulation de Metz, après celles de Belfort et de Strasbourg ; Beaune-la-Rolande, Champigny, le Bourget, la retraite infernale de Chanzy ; nous vîmes la reddition de Paris, mort de faim ; nous vîmes deux provinces arrachées au sol sacré ; nous vîmes tout perdu, tout, excepté ces biens qui peuvent demeurer aux peuples comme aux rois vaincus, ces biens, dis-je, qui ne consolent pas du reste, mais qui permettent de marcher le front haut, même en pleurant parmi les ruines ; j'entends et vous entendez comme moi l'honneur et la sainte pitié !

Garder l'honneur fut des combattants. Pratiquer la sainte pitié fut de vous.

Semblables aux belles troupes qui n'évoluent jamais mieux que sous le feu, vous procédâtes à vos formations sans vous soucier des obstacles et parfois du danger.

Vous parvîntes à créer de nombreux comités, à provoquer des souscriptions, à organiser les secours, à recruter des brancardiers, à ouvrir des ambulances, à acheter des remèdes à l'étranger quand les réserves nationales furent épuisées.

Vous prîtes rapidement l'habitude, Mesdames, de vous installer auprès des blessés, de faire des pansements, de surveiller la fièvre, de nettoyer les salles. Votre courage s'accoutuma à braver la vue du sang, des plaies, de la petite vérole noire. Ce fut simple et beau. Qui vous frappe au bon endroit trouvera une source de dévouement au moins, et parfois d'héroïsme. Vous aviez été frappées au bon endroit.

On vous sut universellement gré de tant de services.

S'ouvrit la Commune.

Vous souvient-il de la stupeur, de la colère du pays quand, le 18 mars 1871, il apprit que le drapeau tricolore qui aurait dû être deux fois sacré, tout enveloppé qu'il était de ses gloires passées et de ses malheurs présents, avait été piétiné par une tourbe sauvage, que la loque rouge des discordes civiles l'avait remplacé, que deux généraux avaient été assassinés, que le gouvernement avait quitté Paris, que la Patrie enfin, demi-tuée par l'ennemi, allait être achevée par ses enfants dans un duel où le sang de France coulerait seul.

Vous auriez pu vous demander s'il y avait lieu de porter secours aux émeutiers. Une casuistique subtile n'y aurait pas manqué probablement.

Vous n'eûtes pas de perplexités, vous. Vous ne fîtes pas le procès des révoltés, vous ne fîtes pas même d'enquête sur eux. Vous n'esseyâtes point de catégoriser avec le poète :

> Le sinistre voyou, l'utopiste sincère,
> L'honnête travailleur gâté par la misère.

Vous vîtes des hommes, rien que des hommes, dans ces égarés qui tombaient pour une cause abominable, et plantant votre fanion dans les deux camps, en deçà et en delà des remparts, vous eûtes des soins pour tous, et je vous en félicite.

Jamais la Croix-Rouge ne s'est montrée à mon avis plus semblable à cette croix du Golgotha, si large qu'elle embrasse l'humanité, si haute qu'elle domine tous les partis, toutes les divisions, toutes les haines ; si émue que de ses deux bras, quand on les contemple d'un œil sain, il ne tombe que des rayons de tendresse, d'espérance et de pardon !

Voyez-vous, Mesdames et Messieurs de la Croix-Rouge, depuis lors vous avez beaucoup agi ; vous avez mis votre œuvre sous le patronage des plus beaux noms de France ; vous avez appelé à sa présidence de nobles soldats dont la fière gloire fait partie du patrimoine national ; vous vous êtes composé un conseil d'administration souverainement éclairé ; vous avez envoyé des conférenciers dans chaque ville de province ; ce fut bien fait et bien vu. Cependant, si vous n'aviez eu les souvenirs de 1870 et de 1871, vous n'auriez qu'à moitié réussi probablement ; avec cette escorte, au contraire, vous deviez tout espérer du pays, même qu'il vous constituerait un fonds de réserve de plusieurs millions, même qu'il vous mettrait en état d'aider efficacement nos soldats en chacune de leurs expéditions coloniales, même qu'il vous ferait accueil jusque dans ses plus humbles bourgades.

Chez-nous, grâce au ciel, les humains, les généreux, les patriotes n'ont presque jamais tort.

Est-ce à dire que votre œuvre soit terminée ? Non. Il vous reste encore beaucoup à faire : et c'est heureux parce que toute œuvre qui ne conquiert plus décline.

Est-ce à dire même que vous ayez tiré de *l'idée* qui vous anime toutes ses déductions logiques de bienfaisance et de justice ?

Qui sait ?... Comprenez-moi bien.

L'idée qui vous anime, l'idée que vous représentez, a été formulée par le docteur Palasciano, puis présentée par Henry Dunant au Congrès de Genève de 1864.

Elle tient en une ligne que voici :

En fait de guerre comme en fait de pénalité, tout ce qui dépasse l'indispensable [illegible] criminel.

Sur la culasse de certains vieux canons on trouve écrit : *Ultima ratio regum*. La dernière raison des rois, c'est moi.

Je voudrais que sur la culasse des canons qui s'échappent noirs de toutes les fonderies haletantes de l'Europe, au lieu de l'ironique épigraphe, on écrivît : En fait de guerre comme en fait de pénalité, tout ce qui dépasse l'indispensable est criminel.

Qui sait si ces peuples civilisés ne finiraient pas par se laisser persuader ?

Quoi qu'il en soit, c'est appuyée sur ce principe que la noble convention de Genève conclut la nécessité de neutraliser l'ambulance et tout ce qui touche à l'ambulance. Le blessé militaire, le malade militaire, disait-elle, sont devenus inoffensifs, donc ils sont devenus sacrés. Sacré aussi par conséquent le médecin qui les soigne, sacré l'infirmier qui les assiste, sacré le toit qui les abrite.

Victorieux, vous passerez devant cela et vous n'y toucherez pas !

Très bien, très bien.

Mais, dites-moi, pensez-vous que les blessés et les malades de guerre soient les seuls inoffensifs?

Conséquemment, n'y en aurait-il pas d'autres qu'eux à protéger?

Tenez, Messieurs, je vous parlais de la Beauce, il y a un instant.

Le plus illustre de mes prédécesseurs, Mgr Dupanloup, l'appelait la terre des grandes délivrances. On pourrait l'appeler aussi justement la terre des grandes invasions.

D'Attila à Frédéric-Charles, en passant par Talbot, tous les ravageurs y ont abouti.

Nous savons donc ce qu'est le visage de l'ennemi.

Ayant été plus broyés que qui que ce soit, nous avons qualité pour demander si le blessé, si le malade de guerre est le seul qui puisse, qui doive être couvert par une convention internationale.

Leur blessure, leur maladie rendent le blessé et le malade de guerre inoffensifs, certainement; mais n'y en a-t-il point — individus et collectivités — que leur condition, leur âge rendent de même inoffensifs? N'y a-t-il rien à ajouter aux articles des sauvegardes internationales, en faveur des fermes isolées, des villages sans défense, des villes ouvertes, des femmes, des enfants, des vieillards? N'y a-t-il rien à décider contre les réquisitions formidables et arbitraires? Après avoir fait de votre mieux en faveur de ceux qui ne guerroient plus, n'avez-vous rien à faire pour ceux qui ne guerroient pas?

Qui oublierait les horreurs de 1871 dans notre région? qui oublierait tant de maisons dévalisées ou honteusement souillées? Varize, Civry, Châteaudun brûlés au pétrole — oui, au pétrole! — quand leur défense même aurait dû désarmer le vainqueur; qui oublierait ces étables incendiées avec leur bétail, par manière de jeu? ces hameaux convertis en fournaises vers lesquels des soldats, gorgés d'eau-de-vie, poussaient, baïonnette au canon, des femmes et des enfants affolés? Qui oublierait ces maires, ces curés, emmenés en qualité d'otages, bafoués, meurtris, pour avoir accompli leur devoir de magistrats et de pasteurs? Qui oublierait ce vieillard de soixante-treize ans, Jean Dureau, assassiné à coups de lance; un autre, Pierre Prérot, tué à coups de fusil, à bout portant?

Et ces faits se sont reproduits partout. Il n'y a pas de département occupé qui n'ait de ces lugubres histoires à conter.

Eh! bien, Messieurs, ces violences sans relation avec quelque stratégie que ce soit, sûrement, appartiennent-elles aux nécessités de la guerre? Oui, ces pilleries de sang-froid, ces tueries de sang-froid appartiennent-elles à son terrible « indispensable »?

Votre axiome: « Tout ce qui dépasse l'indispensable, en fait de guerre comme en fait de pénalité, est criminel », votre axiome fondamental, dis-je, n'a-t-il rien à y voir, ou plutôt n'aurait-il pas à s'interposer?

Vous est-il donc interdit de tenter un nouveau congrès qui élargirait l'acte de 1864?

L'acte de 1864 est superbe, c'est une des belles chartes au bas desquelles se soit posée signature d'homme; cependant, ne peut-il se concevoir quelque chose de plus superbe parce que ce sera quelque chose de plus fraternel encore?

Je vous en conjure, ne dites pas que je rêve, que le possible, tout le possible, est fait.

Quand Palasciano et Dunant prétendaient neutraliser les malades, les blessés, on leur répondait, à eux aussi: Que demandez-vous donc? tout le possible est fait.

Ils ne se découragèrent point, le dernier surtout. Repoussé

des cours, des chancelleries, il s'adressa à ce qui aujourd'hui domine les cours et les chancelleries, à l'Opinion ; et il réussit.

Certes, il me plait d'avoir à remercier un fils de cette Suisse libre et paisible pour le bienfait de la Croix-Rouge.

Il me semble que c'est bien du sein de ce petit peuple qui ne craint pas la guerre parce qu'il est brave, mais qui ne la fait pas légèrement parce qu'il est sage, que devait s'échapper une si haute initiative. La Providence a de ces prédestinations dont chacun sent l'à-propos.

Mais comme je désirerais voir reprendre l'œuvre de Dunaut au point où il la laissa, et comme Paris me paraît capable de ce beau dessein ; Paris avec ses audaces étonnantes, ses ténacités invincibles, ses élans de solidarité, ses hommes d'action, sa presse surtout, sa presse capricieuse, fantasque, tant qu'il vous plaira, mais généreuse souvent et si sonore toujours !

Ah ! si Paris voulait !... si vous vouliez, Messieurs !

Si vous vous mettiez résolument en relation avec tous les comités centraux de la Croix-Rouge, comités autrichiens, suédois, allemands, belges, anglais, russes, leur proposant d'étudier de concert quelque nouveau progrès ; si un faisceau de bonnes volontés se liait, où entrerait par vous et avec vous l'élite charitable et intellectuelle des peuples, avec la mission de lutter contre les traditions de loup qui rendent les conflits à main armée non seulement terribles, mais sauvages ; avec la volonté de revendiquer les droits de la Modération, de la Pitié, de la Justice, devant le Juge redoutable et souverain, l'Opinion ; avec le serment de n'abandonner à la conflagration gigantesque, à l'explosion infernale annoncée pour bientôt par certains prophètes, que les victimes qui définitivement et après étude approfondie ne peuvent lui être arrachées ; si ces beaux événements se réalisaient, je ne dis pas que la guerre deviendrait douce ; c'est son châtiment d'être condamnée à n'être qu'un fléau, qui arrache des larmes aux épouses et aux mères, qui tire du sang aux hommes, qui fait gémir la civilisation ; non, je ne dis pas que la guerre deviendrait douce, mais je dis que quelque inhumanité inutile y serait épargnée. Il en restera assez, tenez-vous-en pour assurés. Je dis que votre divine devise : en fait de guerre comme en fait de pénalité, tout ce qui n'est pas indispensable est criminel, resplendirait d'un nouveau lustre ; je dis que des biens, des vies de frères, de français, tels que nous, en tout cas d'hommes tels que nous seraient sauvés ; je dis qu'un rayon de soleil de plus passerait parmi l'affreux orage !

De telles choses méritent qu'on y pense, qu'on ne les écarte point par une fin de non-recevoir : non, Messieurs, non, Mesdames, ni votre patriotisme ni votre humanité n'en ont fini : ils commencent. Vous n'en aurez fini (écoutez cela, car c'est le but qui vous est proposé), vous n'en aurez fini que le jour où, ceci ayant adouci cela, la justice l'aura, suivant la mesure de la terre, emporté sur la force et la Croix-Rouge sur le canon !

Un dernier mot : un compliment.

Comme vous êtes bien inspirés de faire célébrer chaque année une messe pour les soldats morts au service de la Patrie.

Cette messe, c'est la goutte de religion qui donne son arome définitif à votre œuvre, et cet arome, quoi que plusieurs en pensent, et surtout peut-être en disent, est cher à l'âme française.

La France n'est pas dévote; c'est sûr.

Elle n'est pas irréligieuse ; c'est non moins sûr.

La guerre d'épigrammes au clergé amuse pour un temps son esprit frondeur.

La guerre de secte à Dieu fatigue tôt sa conscience de nation baptisée.

Quiconque ne perçoit pas cela est de vue trop courte pour devenir jamais un homme d'Etat.

Pleine d'élan pour les pures spéculations, nullement calculatrice d'instinct, éprise d'idéal, elle ne se sent aucune affinité avec les abaissements et les désespérances du matérialisme.

Elle veut avec le poète que la foule aille et prie sur la tombe de son soldat.

Elle aime qu'on montre à la mère, à l'épouse en larmes, là-haut, derrière un coin du ciel bleu, le cher disparu qui les attend, récompensé de son courage et de son sang versé, dans la félicité des visions et des possessions inexprimables.

Elle se plaît à entendre que le Dieu de Jeanne d'Arc, le Dieu des merveilles libératrices, est son Dieu, et qu'à une heure que Lui seul sait, avec un instrument que Lui seul prépare, il rendra à nos étendards les saintes fiertés de la victoire et au sol sacré l'intégrité perdue au milieu d'inoubliables malheurs.

Disons donc, Messieurs, gravement, religieusement, en face du pays, en son nom, en communion avec lui, la prière et l'acte de foi qui lui agréent.

Mon Dieu, Dieu de la mort et Dieu de la vie! vous en savez qui dorment, depuis longtemps, bien longtemps, sous quelque motte de terre perdue; soldats des très vieux âges ou des âges relativement nouveaux; compagnons de Clovis, de Charlemagne, de saint Louis, de Guesclin, de Turenne, de Condé, de Marceau, de Hoche, de Bonaparte, de Bourmont, de Bugeaud, de Mac-Mahon. A ceux-là donnez la lumière et la paix.

Mon Dieu, Dieu de la mort et Dieu de la vie! vous en savez qui, depuis l'année terrible, dorment ici dans la fosse commune des cimetières parisiens; plus loin, dans les ossuaires de la Beauce; plus loin, dans les plaines mélancoliques de l'Artois, sur les bords de la Saône, parmi les beaux arbres du pays Manceau; plus loin sous les houblons et les vignes d'Alsace, dans les prés de Lorraine, sur les plateaux de Champigny et de Buzenval, sur les coteaux de Vanves, de Saint-Cloud, d'Issy, sous les murs de Strasbourg l'héroïque, de Metz qui méritait un meilleur destin, de Belfort qui tint bon durant soixante-treize jours: à ceux-là donnez la lumière et la paix.

Mon Dieu, Dieu de la mort, Dieu de la vie! vous en savez qui ont versé leur sang sur le sol étranger. Chevaliers des croisades, ils dorment sur la terre d'Asie; grenadiers de la Grande Armée, ils dorment dans les plaines neigeuses de la

Russie; prisonniers de 1870-71, ils dorment dans l'ombre lourde des forteresses allemandes; ils succombèrent loin du pays, pour le pays; à ceux-là, Dieu bon, Dieu juste, donnez deux fois la lumière et la paix.

Mon Dieu, Dieu de la mort et Dieu de la vie! vous en savez que nous avons vus partir, nous dis-je, pour le Tonkin, pour le Dahomey, pour Madagascar. Ils s'en allaient avec les beaux espoirs et la belle confiance de la vingtième année: ils ne sont pas revenus. A ceux-là, donnez la lumière et la paix!

Mon Dieu! mon Dieu! n'aimez-vous pas qui meurt au service des pauvres autant que qui meurt au service du Pays? Egale n'est-elle pas votre dilection pour eux puisqu'égal est leur sacrifice? Ne sont-ils pas l'un et l'autre le soldat héroïque d'une très sainte cause?

N'aimez-vous pas ces humbles qui, hier, sont morts pour sauver leurs maîtres dans tout le dévouement de leur fidélité?

N'aimez-vous pas ce père qui est retourné « au feu » après avoir sauvé sa femme afin de sauver sa petite Germaine? Le brasier les a gardés!...

N'aimez-vous pas cette tante qui s'est exposée à rester dans les flammes — et qui y est restée — pour sauver sa nièce?

N'aimez-vous pas ces enfants dont la charité précoce faisait l'apprentissage de toutes les bonnes œuvres, ces femmes qui dans la lumière de leur jeunesse ou de leur maturité avaient si parfaitement compris que rien ici-bas ne vaut un acte de bonté et qui semaient leur route de bienfaits?

Résumons: n'aimez-vous pas les victimes innommées encore, grandes dames et ouvrières, jeunes filles et religieuses, hommes de travail manuel et hommes de science? Oui, ne les aimez-vous pas tous et toutes, vous qui afin, semble-t-il, d'aviver parmi nous l'esprit déjà très profondément senti de la fraternité, après avoir refusé à ceux-ci l'égalité joyeuse de la vie, avez souffert qu'ils disparaissent dans l'égalité formidable de la mort?

A ceux-là, Dieu de la vie, Dieu de la mort! — je vous implore au nom de cette Croix-Rouge qui croit en tous les courages et les honore — à ceux-là donnez la lumière et la paix !

Et vous, pauvres, qui attendiez votre manne annuelle de ceux qui viennent d'être tant frappés, il faut que je vous rassure ; il faut que je vous dise que vos patrons n'abandonneront point leur douloureuse clientèle.

Quand sur le champ d'honneur un combattant tombe, un autre le remplace : il en ira de même après cette tragédie qui nous meurtrit.

Beaucoup sont tombés : beaucoup les remplaceront.

Permettez à l'Evêque d'Orléans de vous rappeler un fait de Jeanne d'Arc ; c'est son droit plus que celui de qui que ce soit.

La sainte jeune fille était morte, et morte, elle aussi, de ce supplice auquel son cœur de soldat accoutumé à voir la hache et à la manier eût préféré la décapitation, même répétée sept fois...

Or lorsque ce bûcher, bâti par les ennemis de la Pucelle à la taille de leur haine, se fut écroulé, on écarta les tisons enflammés ; le bourreau estimait que ses fagots avaient parachevé son œuvre, quand, soulevant une dernière poignée de cendres, ses yeux grandirent d'épouvante... Le cœur ! le cœur de l'héroïne lui apparaissait tout vif : sur lui rien n'avait pu rien : il était si pur, il était si ferme que la furieuse flamme n'avait su le mordre.

Eh ! bien, écoutez-moi... allez à la rue Jean-Goujon... Qu'y faire ? pensez-vous : on n'y trouve plus rien !... plus rien...

Hélas ! combien ont cherché qui n'ont rien trouvé ou qui ne trouveront rien !

Cependant je vous dis, moi, qu'il y demeure quelque chose et ce quelque chose est admirable, ce quelque chose est sublime : c'est le cœur de la Charité Parisienne, vivante, immortelle. Le brasier ne l'a pas dévoré.

Dès cette année, on le verra produire des merveilles de bienfaisance : l'an prochain, (avant, peut-être), les ventes recommenceront : oh ! attristées, trempées de larmes secrètes... mais qui a jamais vu que la générosité soit nécessairement joyeuse? Et si les fortunés pleurent, les pauvres ne pleureront plus : ce sera beau, bon, et fraternel !

Et maintenant, Madame (1), maintenant que nous avons associé dans le même hommage les héros de la guerre et les héros de la Charité, passez dans nos rangs, tendez-nous votre aumônière ; dites-nous : « C'est pour les blessés et les malades de guerre ; c'est pour la sainte Patrie » ; et j'en jure par notre sang de Français, nul ne vous refusera.

(1) Madame la générale FÉVRIER, présidente de la Croix-Rouge.

ORLÉANS. — IMPRIMERIE PAUL PIGELET

LIBRAIRIE H. HERLUISON, RUE JEANNE-D'ARC, ORLÉANS

DISCOURS DE S. G. Mgr TOUCHET

ÉVÊQUE D'ORLÉANS

Panégyrique de Jeanne d'Arc, prononcé dans la métropole de Besançon, le 8 mai 1894, in-8°. . . . . 1 fr.

Service funèbre pour le Président Carnot. Allocution prononcée dans la basilique de Sainte-Croix d'Orléans, le 24 juillet 1894, in-8°. . . . 50 c.

Lettre-circulaire à l'occasion de la mort de S. M. Alexandre III, 1894, in-8°. . . . . 50 c.

Allocution prononcée dans l'église de Fleury, à l'occasion du XXIVe anniversaire du combat d'Orléans, le 11 octobre 1894, in-8°. . . . . 50 c.

Discours prononcé le 10 novembre 1895, devant le monument élevé en l'honneur des soldats tombés à la bataille de Coulmiers en 1870, in-8. 1 fr.

Oraison funèbre de Mgr Auguste-Léopold Laroche, évêque de Nantes, prononcée dans l'église cathédrale Saint-Pierre de Nantes, le 4 février 1896, in-8°. . . . . 1 fr.

La Mission de la Vénérable Jeanne d'Arc. Panégyrique prononcé dans la Cathédrale d'Orléans le 8 mai 1896, pour le 467e anniversaire de la délivrance d'Orléans, in-8°. . . . . 1 fr.

Sainte Geneviève, sainte Clotilde, Jeanne d'Arc et la France. Discours prononcé dans la basilique de Saint-Remi de Reims, le mardi 6 octobre 1896, à l'occasion du XIVe centenaire du Baptême de Clovis, in-8°. . . . 1 fr.

Le Roi Louis XI. Allocution prononcée dans la basilique de Cléry, le dimanche 25 octobre 1896, pour la restauration du mausolée de Louis XI, in-8°. . . . . 1 fr.

Oraison funèbre de Mgr Maurice Le Sage d'Hauteroche d'Hulst, prélat de la maison du Pape, vicaire général de Paris, recteur de l'Institut catholique, député du Finistère, prononcée dans l'église de Saint-Sulpice de Paris, le mardi 24 novembre 1896, in-8°. . . . . 1 fr.

La Croix-Rouge. Allocution prononcée dans l'église de la Madeleine de Paris, le mercredi 5 mai 1897, en souvenir des Soldats Français morts au service du Pays et des victimes de la rue Jean-Goujon, in-8°. . . . . . . 1 fr.

Allocution prononcée dans la basilique de Sainte-Croix, le vendredi 7 mai 1897, à l'occasion de l'inauguration des Verrières de Jeanne d'Arc, in-8°. . . 1 fr.

ORLÉANS. — IMPRIMERIE PAUL PIGELET.

www.ingramcontent.com/pod-product-compliance
Ingram Content Group UK Ltd.
Pitfield, Milton Keynes, MK11 3LW, UK
UKHW021152230726
13926UKWH00001B/54

9 782019 207892